AF495893

M. LE BARON DE GERANDO

PREMIER PRÉSIDENT HONORAIRE

DE LA COUR D'APPEL DE NANCY

Honora patrem tuam et matrem tuam ut sis longevus super terram.
(Exodus, cap. XX, v. 12.)

M. LE BARON DE GERANDO

PREMIER PRÉSIDENT HONORAIRE

DE LA COUR D'APPEL DE NANCY

La magistrature, la philosophie, les lettres et la bienfaisance viennent de faire une perte qu'elles sentiront vivement. M. le Baron Gustave de Gerando, Premier Président honoraire de la Cour d'appel de Nancy, est mort le 11 mars, à Paris, dans sa quatre-vingt-unième année (1), à la suite d'une maladie dont il a supporté les longues et douloureuses épreuves avec le courage calme du philosophe et la résignation pieuse du chrétien.

M. Gustave de Gerando était le fils aîné du Baron Joseph-Marie de Gerando, qui avait attaché à son nom, dans la première moitié de ce siècle, un lustre considérable, par des travaux entrepris pour répondre à des questions qu'avaient mises au concours l'Institut de France et l'Académie de Berlin. Il avait, par ces travaux, ouvert, au profit de la philosophie spiritualiste, la réaction contre le sensualisme qui dominait en France vers la fin du XVIIIe siècle; par ceux qui les avaient suivis il avait posé les bases et développé les principes du droit administratif, organisé

(1) Il est né le 23 septembre 1803.

la bienfaisance publique en lui donnant, pour auxiliaire, la charité privée, et s'était efforcé de les préserver l'une comme l'autre, d'une rivalité jalouse, en faisant régner entr'elles une sincère entente et en les amenant à contracter ensemble une utile alliance. Il avait enfin, avec ses amis, ouvert à l'émulation des gens de bien de tous les partis, le champ tout nouveau de l'éducation populaire.

Elevé, dès sa plus tendre enfance, par des parents chrétiens, dans le sein de la religion qu'ils avaient reçue de leurs pères, Gustave de Gerando, quelques fussent les temps, n'avait jamais dissimulé sa foi, ni supprimé un acte de son culte pour l'accommoder aux nécessités du jour. Le fils avait marché à peu près partout sur les traces du père : seulement, au moment de choisir une carrière, dérogeant en ce seul point à ses exemples, il avait donné la préférence à la magistrature sur l'administration. Attaché, de bonne heure, au cabinet de M. Billecoq, qui occupait un des premiers rangs au barreau de Paris et en avait été le bâtonnier, il y avait débuté sous les yeux et la direction de ce maître excellent, avait plaidé à côté de lui et souvent signé avec lui des consultations ; puis, cédant à la vocation et déterminé par les conseils de la famille, il avait tourné ses regards vers la magistrature. Elle lui avait ouvert, à Paris même, ses rangs, en commençant par les plus modestes. Successivement juge auditeur, juge suppléant, substitut au tribunal de la Seine et substitut à la Cour royale de Paris, M. de Gerando pouvait compter y devenir un jour avocat général ou conseiller;

mais la Révolution de Février le rangea, d'abord, parmi les victimes. Toutefois, elle ne tarda pas à lui accorder une réparation éclatante, en l'appelant à la tête du parquet de la Cour d'appel de Metz. On restera dans les termes de l'exacte vérité en disant qu'il sut s'y concilier l'estime de tous les partis, la confiance du gouvernement, le respect et l'affection de ses subordonnés et de ses collègues ; les faits en fournissent une preuve qui paraît irrécusable, car il resta vingt ans dans ce poste élevé, qu'il était venu occuper au milieu des orages, et il fallut qu'ils fussent, de nouveau, déchaînés sur notre malheureux pays pour qu'il en fût précipité. L'empire n'a peut-être pas donné dans ces régions, où les variations de l'atmosphère du gouvernement sont si fréquentes, l'exemple d'une pareille longévité. L'administration de M. de Gerando, avait, au parquet de la Cour de Metz, la fermeté que réclamaient les temps, mais elle se remarquait aussi par la droiture et la modération que porte avec lui l'homme honnête et bienveillant. Défiant de lui-même, il était loin de croire à son infaillibilité ; aussi aimait-il à consulter les autres avant de se résoudre et tenait-il grand compte de leurs observations. Il a pu se tromper, mais de bonne foi : jamais il n'a connu le calcul, ni mis en jeu les complaisances ou les sévérités pour accroître ou maintenir son crédit. Jamais non plus la passion politique n'a approché de son âme.

Les collaborateurs qui ont été les confidents de ses pensées les plus intimes et de ses résolutions les plus perplexes, dans ces moments où l'autorité, même inspirée par le sentiment des nécessités sociales, réclame des exemples, pourront dire avec quelles douces et loyales remontrances, il s'appliquait à la désarmer ; avec quelle généreuse insistance il revenait, au besoin, sur ses représentations pour les faire accueillir, et avec quel succès, grâce aux temporisations sous l'influence desquelles les mécontentements se refroidissaient, il arrivait à détourner les coups des têtes menacées ou à les amortir avant qu'ils ne les eussent touchées.

Les devoirs de sa charge n'absorbaient pas tout son temps ; il en réservait une part pour les études qui entraient dans ses goûts et dont il avait vu le culte animer la maison de son père, et une beaucoup plus large pour les institutions de prévoyance et les œuvres de charité.

De bonne heure, il avait consacré aux unes comme aux autres, une partie de lui-même. A peine avait-il atteint sa dix-neuvième année qu'inspiré par les exemples de la société de morale chrétienne dont son père faisait partie avec M. Guizot, M. de Barante, et le duc de Larochefoucauld-Liancourt, il se joignait à quelques amis à peu près du même âge que lui et fondait avec eux, dans le cours de l'année 1822, la Société d'apprentissage des jeunes orphelins, qui avait pour objet de placer en apprentissage des enfants pauvres, orphelins ou abandonnés, et de leur assurer, par la possession d'un état, des moyens de subsistance pour toute leur vie. Du premier jour, le succès a couronné l'entreprise de ces généreux jeunes gens ; elle dure depuis soixante-deux ans et jouit d'une prospérité qui lui promet une longue existence. En moyenne, elle adopte tous les ans, vingt-cinq à trente pupilles ; à ce jour, elle fait nombre de plus de dix-sept-cents, qu'elle a préservés de la misère et peut-être du vice, et qu'elle a rendus à la société comme de précieux éléments de richesse et de moralité pour les familles et pour elle.

A Metz, le grave magistrat et le vieillard ont pratiqué, sous une autre forme, la bienfaisance comme le jeune homme l'avait pratiquée à Paris. Président de la société de prévoyance et de secours mutuels de la première de ces deux villes, M. le baron de Gerando en a dirigé, pendant deux ans, l'administration avec une sagesse qui en a accru les ressources ; les autres œuvres de même nature, qui sont l'honneur de cette cité, le comptèrent parmi leurs patrons, leurs soutiens ou leurs bienfaiteurs.

En cultivant les lettres, il suivait une tradition de famille ; il aurait cru manquer à un devoir s'il les avait négligées. Il débuta en 1824, en publiant un livre qui avait pour objet de présenter le tableau des sociétés religieuses et charitables de Londres et de les faire connaître en France. Il a écrit, pour les audiences de rentrée de la cour de Metz, des discours qui répondaient, par le choix de leurs sujets et la façon dont sa plume à la fois élégante et austère les traitait, à la dignité de ces solennités judiciaires et aux besoins de la justice dans des temps difficiles.

Il a écrit aussi pour les classes populaires, de petits livres qui, soutenus par le souffle de l'esprit de charité, pénétraient dans leurs rangs, y inspiraient le goût des choses honnêtes et y apprenaient à les pratiquer. C'est ainsi qu'il a publié au lendemain de la révolution de février, sous le titre du *Démocrate chrétien*, un livre de moins de cent pages et plein de texte des évangiles, pour prouver que la société peut, sous le régime des institutions républicaines, trouver dans les enseignements de la religion chrétienne la sanction de tous les devoirs de l'homme et du citoyen. Plus tard, il conçut et écrivit, dans un but d'édification plus encore que d'éruditon, ce livre d'office qu'il a intitulé : *Les divines prières*, dans lequel il n'a pas fait entrer un seul mot qu'il ne l'ait puisé à la source des livres de l'Ecriture sainte, qui satisfait par la variété de ses formules aux besoins des âmes pieuses et leur fournit des conseils et des consolations jusque dans les épreuves les moins prévues de la vie.

Dans les derniers temps qu'il a passés à Metz, il a fait un opuscule de quelques pages sur un des sujets les plus propres à éveiller l'intérêt des amis véritables des classes ouvrières, celui des réjouissances populaires ; il y apprend aux ouvriers auxquels il le destine particulièrement à choisir avec discernement leurs distractions, sans leur interdire, pour cela, d'assaisonner, par une vive et innocente gaîté, les amusements qui rempliront quelques-unes des heures du repos hebdomadaire ; il leur montre que la bonne humeur et la libre expansion des caractères, n'ont besoin ni de rien sacrifier des mœurs, ni de sortir des bornes de la tempérance, pour trouver, au sein de plaisirs décents, le délassement des fatigues de l'atelier et l'apaisement des soucis de la profession.

M. de Gérando aimait surtout à enseigner la morale par les exemples ; c'est dans ce but que, pour offrir à l'enfance et à la jeunesse, des leçons à la portée de tous les âges, il a écrit deux ou trois autres volumes plus amples, dont il a fait des chapitres nouveaux, et certainement des plus intéressants de la morale pratique et de la morale en action.

Il y a une vertu qui a été l'âme de sa vie, c'est la piété filiale. Tout respirait chez lui, le respect du nom qu'il portait. Il n'aurait rien voulu faire ou dire qui n'en fût digne, et ne reculait devant rien pour lui maintenir le relief que lui avait communiqué une des plus nobles illustrations littéraires de notre temps, et l'intérêt même dont l'avait rehaussée la pratique des plus nobles et des plus utiles vertus. Il ne semblait vivre que pour honorer la mémoire de son père et de sa mère, pour soutenir les œuvres de leur charité, pour maintenir en possession de la faveur publique, celles de leur plume et de leur esprit, ou pour faire voir le jour à celles qui ne l'avaient pas encore connu.

C'est ainsi qu'il a donné des éditions nouvelles de quelques-uns des ouvrages de son père qui manquaient ou allaient manquer aux besoins du public, entr'autres du livre *Du perfectionnement moral de l'homme*, dont il en a publié une à moitié populaire, du *Cours normal des Instituteurs primaires*, qu'il a conduit jusqu'à sa cinquième ou sixième édition, et du *Visiteur du pauvre*, dont il a fait, de cette façon, le guide des âmes tendres, sensées et fortes, qui veulent résolûment faire le bien et veulent surtout le bien faire.

La dernière œuvre de M. de Gerando a été la publication des *Lettres* de sa mère ; c'est un présent dont la littérature française devra lui être à jamais reconnaissante. Il avait mis les lettrés en goût de les connaître, en publiant quelques-unes de celles que Mme de Gerando et Mme Récarnier, éprises l'une de l'autre aussitôt qu'elles s'étaient vues, s'étaient échangées à diverses époques de leur existence.

Imaginez une jeune fille, appartenant à une famille de cette aristocratie alsacienne que la Révolution avait à peu près ruinée, qui vivait auprès de son vieux père, M. de Rathsamhausen, et le faisait vivre des débris de leur fortune. Elle n'entretenait de relations qu'avec quelques amies, filles du baron de Berckeim, du baron Fritz de Diétrick, et du comte de Waldner, dont les familles étaient voisines de la sienne ; une correspondance active, et au moins aussi régulière que les visites en faisait les frais sans compter. Devenue orpheline, la jeune fille les voit plus fréquemment et rencontre chez leurs parents quelques-uns de ces nobles et généreux esprits, Augustin Périer, Scipion Périer, Camille Jordan, Augustin Jordan, que la persécution ou la proscription avaient dispersés de tous les côtés, et parmi eux, Joseph de Gerando qu'elle devait bientôt épouser. Les événements d'une révolution, si féconde en rencontres singulières, les mettent tout-à-coup en rapport. Une correspondance s'ouvre presque aussitôt entr'eux sur les événements du temps et sur les choses de la vie, de la société, de la politique, de la philosophie et même de la religion. Parfois les jeunes amies d'Annette de Rathsamhausen et leurs parents s'y mêlent. Pour elle, elle la soutient, dès le premier jour, avec une hauteur de pensées, une fermeté de langage, une délicatesse de sentiments, un charme de style et une dignité de ton qui en font un épistolaire de premier ordre. Mme de Gerando a eu bien d'autres correspondants que les amies de sa jeunesse et que ces personnages promis à la célébrité, qu'elle a rencontrés près d'elle. Sa correspondance comprend uue trentaine d'années et forme un volume de quatre cents pages. M. de Gerando, dépositaire respectueux et discret de ce trésor, nous l'a révélé enfin avant de fermer les yeux. Il y a telles de ces lettres, celles, par exemple, qu'elle lui écrit pour l'éclairer sur le choix d'un état qu'il va faire, qui n'auraient pas trop à craindre, ni à perdre à être rapprochées de celles qui nous ont le plus charmés dans les lettres de Mmes de Sévigné, de Mme de Maintenon et de Mme Schwetchine.

Mais l'œuvre à laquelle M. de Gerando a consacré le plus de soins et d'efforts, qui lui a causé le plus de soucis et lui a imposé le plus de sacrifices, c'est celle qui portait le nom de son père et qu'il avait reçue dans son héritage comme un legs suprême et de prédilection, c'est l'Asile-ouvroir de Gerando. Le vénérable vieillard était parvenu, avec l'aide généreuse de quelques amis, à le fonder pour recueillir les jeunes filles pauvres et égarées, cette portion de la société qui a le plus à perdre dans les désordres de la jeunesse, à redouter de l'abandon et à gagner sous la tutelle d'unecharité prévoyante. Grâc e, non à la puissance de ses ressources, mais à la force de sa volonté et à la vertu propre de son nom, le père avait créé cette œuvre ; grâce à son respect pour sa mémoire, à sa foi profonde dans son œuvre, grâce au noble et dévoué concours d'amis restés fidèles à ces deux générations, le fils l'a soutenue pendant plus de quarante années, en dépit des temps et des difficultés de toutes sortes, avec l'énergie que donne la confiance, le courage qu'inspire la religion. Sa main ne sera plus là, désormais, pour lui prêter son appui, mais une autre prendra la place de celle du père et de l'aïeul, pour lui assurer le sien. Leur pensée, d'ailleurs, leur survivra; ils l'adressent du fond de la tombe, comme une dernière et sainte volonté, aux amis dévoués qu'ils laissent sur la terre. Et pourquoi concevrait-on des appréhensions? L'œuvre de l'homme de bien restera dans la reconnaissance des générations futures, inséparable des œuvres de l'écrivain ; le nom qu'elles ont toutes honoré continuera à les protéger ; elles passeront glorieusement ensemble à la postérité, brillant en même temps du vif éclat du talent et du doux reflet de la charité.

Bar-le-Duc. — Imp. Ve Numa Rolin, Chuquet et Ce.

www.ingramcontent.com/pod-product-compliance
Ingram Content Group UK Ltd.
Pitfield, Milton Keynes, MK11 3LW, UK
UKHW021018220726
13924UKWH00001B/44

9 782019 951436